Johannes Neumann

Der Stern von Bethlehem

aus der Sicht der Astronomie, der Geschichtswissenschaft und der antiken Astrologie

Norderstedt 2016

Das Werk einschließlich aller seiner Teile ist urheberrechtlich geschützt. Jede Verwertung außerhalb der engen Grenzen des Urheberrechtsgesetzes ist ohne Zustimmung des Verlages unzulässig und strafbar. Das gilt insbesondere für Vervielfältigungen, Übersetzungen, Mikroverfilmungen und die Einspeicherung und Verarbeitung in elektronischen Systemen.

Herstellung und Verlag:
BoD - Books on Demand, Norderstedt

ISBN 978-3-7412-5895-4

1. Sterne und Machtpolitik: Herodes der Große

Die Geschichte der Weisen aus dem Morgenland ist mehr als das persönliche Horoskop Jesu, des Stifters der christlichen Religion. Es ist auch die Geschichte der Rivalität zweier Könige. Der jüdische König Herodes regierte Palästina mit Hilfe der Römer, das neugeborene Jesuskind sollte nach der Legende der von Gott eingesetzte Messiaskönig sein. Matthäus, und nur bei ihm finden wir die Sternerzählung, berichtet im 2. Kapitel seines Evangeliums Folgendes:

> 1 Als Jesus geboren war in Bethlehem in Judäa zur Zeit des Königs Herodes, da kamen Magier aus dem Morgenland nach Jerusalem und sprachen: 2 Wo ist der neugeborene König der Juden? Wir haben seinen Stern gesehen am Morgenhimmel und sind gekommen, um ihm unsere Verehrung zu erweisen. 3 Als das der König Herodes hörte, erschrak er und mit ihm ganz Jerusalem 4 und er rief den Rat der Hohenpriester und Schriftgelehrten zusammen...
> 9 Als sie nun den König gehört hatten, zogen sie weiter. Und der Stern, den sie am Morgenhimmel gesehen hatten, zog vor ihnen her, bis er über dem Ort stand, wo das Kind war. 10 Als sie den Stern sahen, wurden sie hoch erfreut, 11 gingen in das Haus, fanden das Kind mit Maria, seiner Mutter, knieten nieder, erwiesen ihm ihre Verehrung, breiteten ihre Schätze aus und schenkten ihm Gold, Weihrauch und Myrrhe.[1]

Auf den ersten Blick könnte es scheinen, als seien Sterngucker aus dem Orient, die sich zufällig in Jerusalem aufhielten, mal eben auf die Idee gekommen, "bei Königs vorbeizuschauen" und den Nachwuchs zu bewundern. Aber weit gefehlt! Die Magier waren sternkundige Priester aus dem neupersischen Partherreich, ihr Erscheinen löste in Jerusalem eine Verfassungskrise aus: Die vorzeitige Ernennung eines Nachfolgers für König Herodes, der auf der Höhe seiner Macht stand, war nicht vorgesehen. Außerdem hatten die Römer nach dem mit Herodes abgeschlossenen Freundschaftsvertrag bei der Wahl des Nachfolgers das letzte Wort. Nun kamen Priester aus dem mit Rom verfeindeten Partherreich in diplomatischer Mission, um nach astrologischen Gesichtspunkten einen neuen jüdischen König zu küren. Wir können den Sachverhalt vergleichen mit der Wahl eines neuen Dalai Lama in Tibet, wenn der bisherige Amtsinhaber verstorben ist. Herodes hatte einen bösen Verdacht, der seine spätere Grausamkeit als einen Akt der Staatsraison verständlich werden lässt.

Abb. 1: Die Welt des Herodes

Herodes der Große

Herodes, der Kindermörder von Bethlehem, in der Legende das Sinnbild eines grausamen Herrschers, ist einer der am meisten missverstandenen Personen der Weltgeschichte. Unser wichtigster Gewährsmann für den jüdischen König, Flavius Josephus (37 - nach 96 n. Chr), zeigt bereits in seinem Werk das Zwiespältige in der Person des Herodes und in der Berichterstattung über ihn. Kurz nach dem jüdischen Krieg 66 - 70 n. Chr., als Josephus in Rom die Geschichte dieses Krieges niederschrieb, erinnerte er sich mit Genugtuung an die Größe und Macht des jüdischen Staates und an den Mann, der das Judentum zu dieser Größe geführt hatte: Herodes Maior. Die lateinische Bezeichnung *Maior*, d. h. *der Ältere*, diente ursprünglich nur zur Unterscheidung des Herodes von seinen Söhnen und Enkeln gleichen Namens, die heute übliche Bezeichnung *der Große*, wie man *maior* auch übersetzen kann, wird aber nicht zu Unrecht gewählt. Der frühe Josephus zitiert in dem Werk *Der jüdische Krieg* ausführlich aus der *Weltgeschichte* des *Nikolaos von Damaskus* (64 - nach 4 v. Chr.), des Diplomaten und Historikers Herodes des Großen. Hier schildert er Herodes positiv als tatkräftigen Politiker und großen Bauherrn. Tatsächlich hat Herodes in der Zeit nach den römischen Bürgerkriegen die von den Römern garantierte Friedenszeit zum Wohle seines Landes und seiner Bevölkerung in Judäa, Samaria, Galiläa und den Randgebieten zu nutzen verstanden. Besonders sein immenses Bauprogramm war ein Arbeitsbeschaffungs- und Konjunkturprogramm größten Ausmaßes. Herodes baute Festungen wie die durch den jüdischen Krieg bekannt gewordene Bergfestung Masada am Toten Meer, er gründete Städte und baute bestehende Städte wie Samaria und Caesarea am Meer aus, die den Wohlstand ihrer Einwohner und den des Umlandes mehrten. Sein bekanntestes Bauprojekt ist der Jahwe-Tempel in Jerusalem, dessen Außenareal er so erweiterte, dass es mit 280 x 480 m etwa dieselbe Ausdehnung besaß wie der ganze zentrale Tempelbezirk *Forum Romanum* in der Welthauptstadt Rom: ein Stein gewordener Anspruch auf Gleichberechtigung mit der Weltmacht. Außenpolitisch von den Römern abhängig und durch deren militärische Macht geschützt, genoss Herodes innenpolitisch volle Souveränität. Die Bevölkerung bemerkte die bestehende Abhängigkeit von der römischen Schutzmacht zunächst nicht, sie konnte den Frieden und wirtschaftlichen Aufschwung der Herodeszeit genießen und ihrer Arbeit und ihren Geschäften nachgehen. Der Jeru-

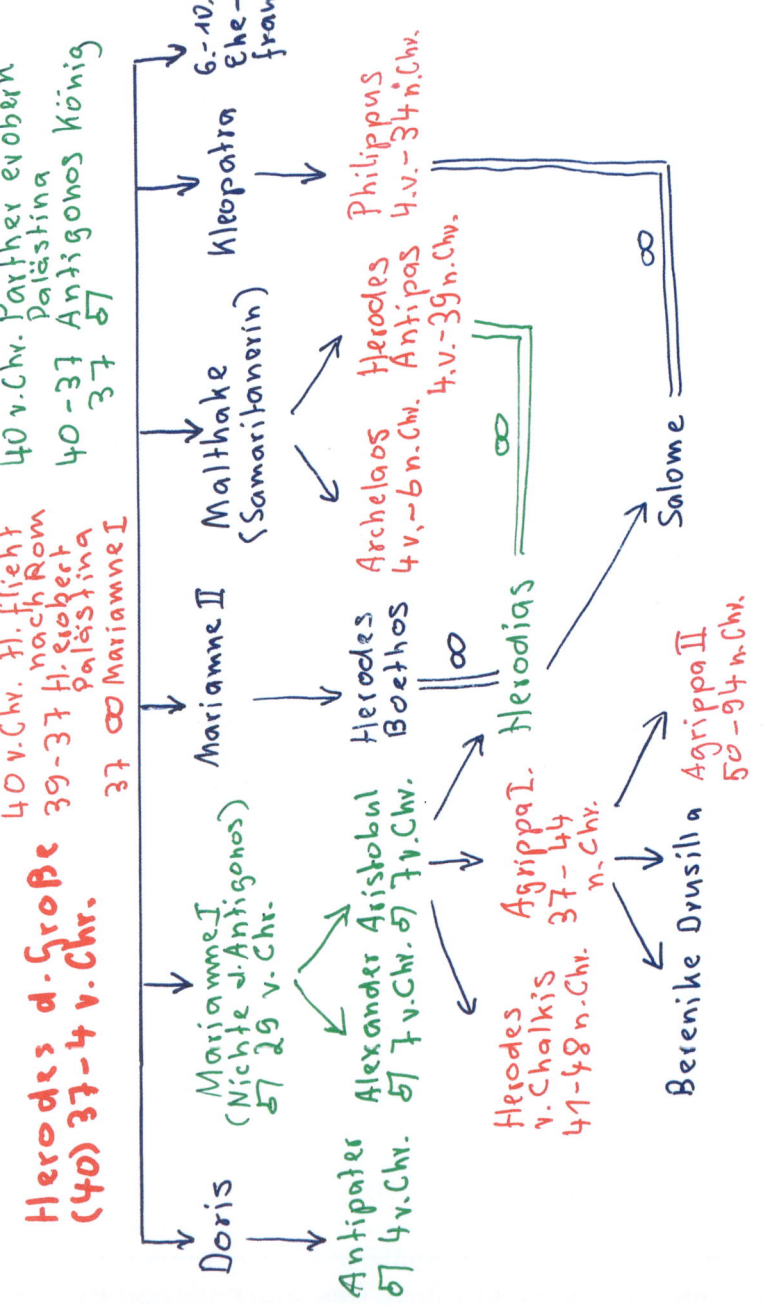

Abb. 2: Die Familie des Herodes (nach Bibl.-hist. Handwörterbuch, Sp. 701f)

salemer Tempel wurde noch zu Lebzeiten des Herodes im Jahre 9 v. Chr. eingeweiht. Als er zwei Generationen später, im Jahre 64 n. Chr., endgültig fertig gestellt war, wurden mehr als 18.000 Menschen arbeitslos[2]. Zwei Jahre später, 66 n. Chr., begann der jüdische Aufstand gegen die inzwischen als Besatzungsmacht unbeliebt gewordenen Römer.

In Rom erfuhr Josephus unter dem Kaiser Domitian (81-96 n. Chr.) die Schattenseiten der Alleinherrschaft eines Mannes über den Staat. Seine schriftstellerische Tätigkeit führte ihn in die literarischen Zirkel der Hauptstadt, so lernte er Menschen kennen, die die senatorische Kritik am Kaisertum unterstützten und die uns besonders in der Person des Historikers Tacitus bekannt sind. Unter diesen Einflüssen wandelte sich das Herodesbild des Josephus. Der Historiker wurde sensibel für die negativen Seiten der Machtausübung durch einen Alleinherrscher und schilderte in den 94 n. Chr. erschienenen *Jüdischen Altertümern* auch die ungünstigen Seiten des Herodes. Er traf sich in der negativen Schilderung mit dem Evangelisten Matthäus, dessen Werk etwa um die gleiche Zeit erschien.

Die Parther und der Weltherrscher aus Judäa

Nun zurück in das Jahr 7 v. Chr.: Ein Blick auf die Landkarte der damaligen Zeit (Abb. 1) zeigt: Die geopolitische Lage des Herodes zwischen den beiden Großmächten Rom und Parthien war wenig komfortabel. Die Römer beherrschten die Küstenländer des Mittelmeeres: Kleinasien, Syrien-Palästina, Ägypten. Das Reich der neupersischen Parther erstreckte sich etwa über die heutigen Staatsgebiete des Irak und des Iran, die Hauptstadt Ktesiphon lag im Gebiet des heutigen Irak. Wie auch heute, so gab es damals ständige Spannungen zwischen den Mächten des Orients und der abendländischen Großmacht. Vielleicht könnte man hier von einer *geopolitischen Konstante* sprechen, die sich über die Jahrtausende erhalten hat. Um nicht zwischen den beiden Großmächten zerrieben zu werden, musste sich Herodes für eine Seite entscheiden. Wie das heutige Israel hatte sich der kluge Machtpolitiker Herodes schon zu Beginn seiner Herrschaft für die westliche Großmacht, damals die Römer, entschieden. Das kostete ihn im Jahre 40 v. Chr. beim Parthereinfall in Palästina die Herrschaft über Jerusalem. Herodes musste, nie in seinem ganzen Leben wird er diese Schmach vergessen, bei Nacht und Nebel aus Jerusalem und Palästina nach Ägypten fliehen. Er ging nach Rom, wurde dort zum König über Palästina eingesetzt und eroberte sich sein Königreich in den Jahren 39-37 v. Chr. zurück. Seit jener Zeit waren die Parther für Herodes ein rotes Tuch, und er fragte sich, was sie jetzt, im Jahre 7. v. Chr., wohl im Schilde führen mochten.

Die Antwort, die Herodes fand, ist uns nicht direkt überliefert. Wir können sie aber aus verschiedenen Quellen erschließen. Flavius Josephus schreibt, Herodes habe im Jahre 7 v. Chr. die beiden Söhne aus der Ehe mit der 29 v. Chr. hingerichteten Hasmonäerprinzessin Mariamne (Abb. 2), die als mögliche Nachfolger galten, wegen einer angeblich geplanten Verschwörung hinrichten lassen:

> Hatte nun Herodes früher wenigstens noch in etwa gezögert, seine Söhne umbringen zu lassen, so war jetzt jedes Bedenken aus seiner Seele verbannt... Hierauf wurden Alexander und Aristobulus nach Sebaste geführt und dort auf Befehl ihres Vaters erdrosselt.[3]

Josephus hat die Weissagung vom Weltherrscher aus Judäa auf den Kaiser Vespasian bezogen, der als Feldherr im jüdischen Krieg zum römischen Kaiser ausgerufen wurde. Als Kriegsgefangener eröffnete Josephus nach seiner eigenen Angabe im Jahre 67 n. Chr. dem römischen Feldherrn:

> Du, Vespasian, wirst Kaiser und Alleinherrscher...[4]

Der römische Historiker Tacitus (55 - 120 n. Chr.) schreibt anläßlich des Beginns des jüdischen Aufstands:

> ...die Mehrzahl (der Juden) war überzeugt von dem in den alten priesterlichen Aufzeichnungen enthaltenen Wort, daß zu eben dieser Zeit das Morgenland erstarke und daß man von Judäa aus sich der Weltherrschaft bemächtigen werde. Dieser rätselhafte Ausdruck hatte auf Vespasian und Titus hingedeutet, die Volksmenge aber legte menschlicher Begehrlichkeit entsprechend diese so hochwichtige Weissagung zu ihren Gunsten aus...[5]

Sueton (70 - 150 n. Chr.) schreibt in seiner Biographie des Kaisers Vespasian, der die Truppen zu Beginn des jüdischen Aufstands anführte:

> Im ganzen Orient war der alte, sich hartnäckig behauptende Glaube verbreitet, es sei vom Schicksal bestimmt, daß zu dieser Zeit Leute aus

Judäa die Herrschaft erlangen würden. Wie die Ereignisse nachher zeigten, bezog sich diese Voraussage auf einen römischen Kaiser; die Juden bezogen sie aber auf sich, machten einen Aufstand...[6]

Es gab also im 1. Jahrhundert n. Chr. alte Weissagungen von einem Weltherrscher aus Judäa. Herodes musste im Hinblick auf seine früheren Erfahrungen befürchten, dass die Parther in Judäa einen Gegenkönig einsetzen wollten, um ihn samt den Römern aus Palästina zu vertreiben. Solche Überlegungen waren keine bloße Spekulation. Das belegt ein Blick auf die Geschichte Armeniens in den 30er Jahren des 1. Jahrhunderts n. Chr.: Im Jahre 35 n. Chr. starb in dem mit den Römern befreundeten Armenien dessen König Artaxias. Der parthische Großkönig Artabanos III. sah eine Gelegenheit, seine Macht zu erweitern, da der römische Kaiser Tiberius sich bereits im fortgeschrittenen Alter befand. Artabanos marschierte in Armenien ein und setzte seinen Sohn Arsakes auf den armenischen Thron. Tiberius gelang es jedoch, Arsakes mit Hilfe römischer Verbündeter zu stürzen.[7] Fürchtete Herodes, dass die Parther seine Söhne Alexander und Aristobul als Gegenkönige gegen ihren Vater einsetzen würden? Immerhin waren beide Großneffen des letzten jüdischen Königs Antigonos, der als Verbündeter der Parther 40-37 v. Chr. in Jerusalem regiert hatte und 37 v. Chr. von Herodes hingerichtet worden war. Und Herodes hatte ihre Mutter Mariamne 29 v. Chr. hinrichten lassen. Die Frage bleibt, warum der Konflikt gerade im Jahr 7 v. Chr. ausbrach? War es Zufall, oder gibt es vielleicht eine plausible Erklärung für dieses Datum?

2. Die Welt aus den Fugen: Warum wandert der Nordpol?

Der Tierkreis

Um sich am Himmel zurechtzufinden, haben die Menschen seit alters Sterne zu Sternbildern zusammengefasst. Ob im Winter das leuchtende Sternbild des Orion oder der ganzjährig sichtbare Große Wagen, auch Große Bärin genannt, die Sternbilder erleichtern uns die Orientierung am Himmel und den Menschen der Antike und des Mittelalters, die ohne Kompass und Uhr auskommen mussten, erleichterten

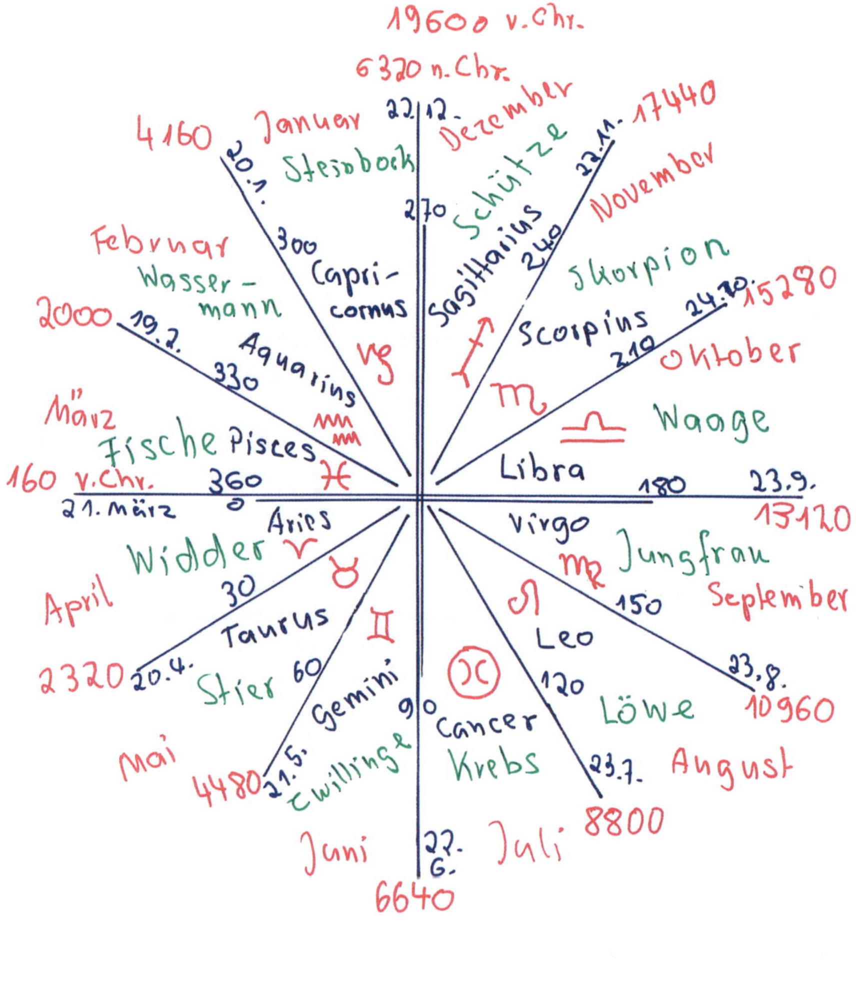

Abb. 3: Tierkreis und platonisches Jahr

sie auch die Orientierung auf der Erde. Wenn die Sonne am Himmel erscheint, verblassen die Sterne, so dass wir den Weg der Sonne durch die Sterne des Nachthimmels nur selten direkt beobachten können. Eine Möglichkeit, den Ort der Sonne am Sternenhimmel direkt zu beobachten, ergibt sich bei einer totalen Sonnenfinsternis. Diese verschluckt das Licht der Sonne und bringt die Sterne für ein paar Minuten zum Leuchten. Bei klarem Himmel kann man an jedem Morgen, kurz bevor die Sonne aufgeht, das Sternbild sehen, das als letztes vor Sonnenaufgang den Ort markiert, in dem sich die Sonne zur jeweiligen Zeit befindet. Den Aufgang von Sternen kurz bevor sie im Sonnenlicht verblassen, nennt man in der Fachsprache der Astronomen einen *heliakischen Aufgang*. Einen solchen *heliakischen Aufgang* meinen auch die Magier, wenn sie sagen, sie hätten den Stern am *Morgenhimmel*, d. h. kurz vor Sonnenaufgang, gesehen. Im griechischen Text heißt es: Der Stern erschien "en te anatole", d. h. "im Osten", daher auch unsere Bezeichnung *Anatolien* für den asiatischen Teil der Türkei.

Die Menschen der Antike waren mangels künstlicher Lichtquellen Frühaufsteher und erwarteten oft sehnsüchtig die wärmende Morgensonne herbei. Sie registrierten deshalb das ganze Jahr hindurch die vor dem Sonnenaufgang erscheinenden *heliakischen* Sternbilder, die ihnen den Sonnenaufgang ankündigten. Die Sternbilder, die die Sonne in ihrem Jahreslauf berührte, fassten sie zum *Tierkreis* (Abb. 3) zusammen, weil die Sternbilder in den meisten Fällen mit Tieren bezeichnet wurden. In der astronomischen Fachsprache verwendet man den Ausdruck *Zodiakos*, von griechisch *zodiakos kyklos* = Tierkreis. Die scheinbare Bahn der Sonne am Himmel, die *Ekliptik*, führte im Laufe eines Jahres einmal durch alle Sternbilder des Tierkreises. Man konnte an dem allmorgendlich vor der Sonne erscheinenden Sternbild die genaue Jahreszeit ablesen. Wichtig wurden bei diesen Beobachtungen vier Punkte im Sonnenjahr mit einer besonderen Bedeutung: die *Sonnenwenden* im Sommer und im Winter und die *Tagundnachtgleichen (Äquinoktien)* im Frühjahr und im Herbst. Auch für unseren modernen Kalender spielen diese Punkte eine Rolle: Weihnachten feiern wir zur Wintersonnenwende, auch wenn das traditionelle Datum 24. Dezember inzwischen einige Tage der astronomisch festgestellten Wintersonnenwende am 21. Dezember hinterher hinkt. Bei der Berechnung des Ostertermins spielt neben dem Sonnen- auch der Mondkalender eine Rolle. Ostern findet am ersten Sonntag nach dem Frühlingsvollmond, dem ersten Vollmond nach dem Frühlingsäquinoktium, statt.

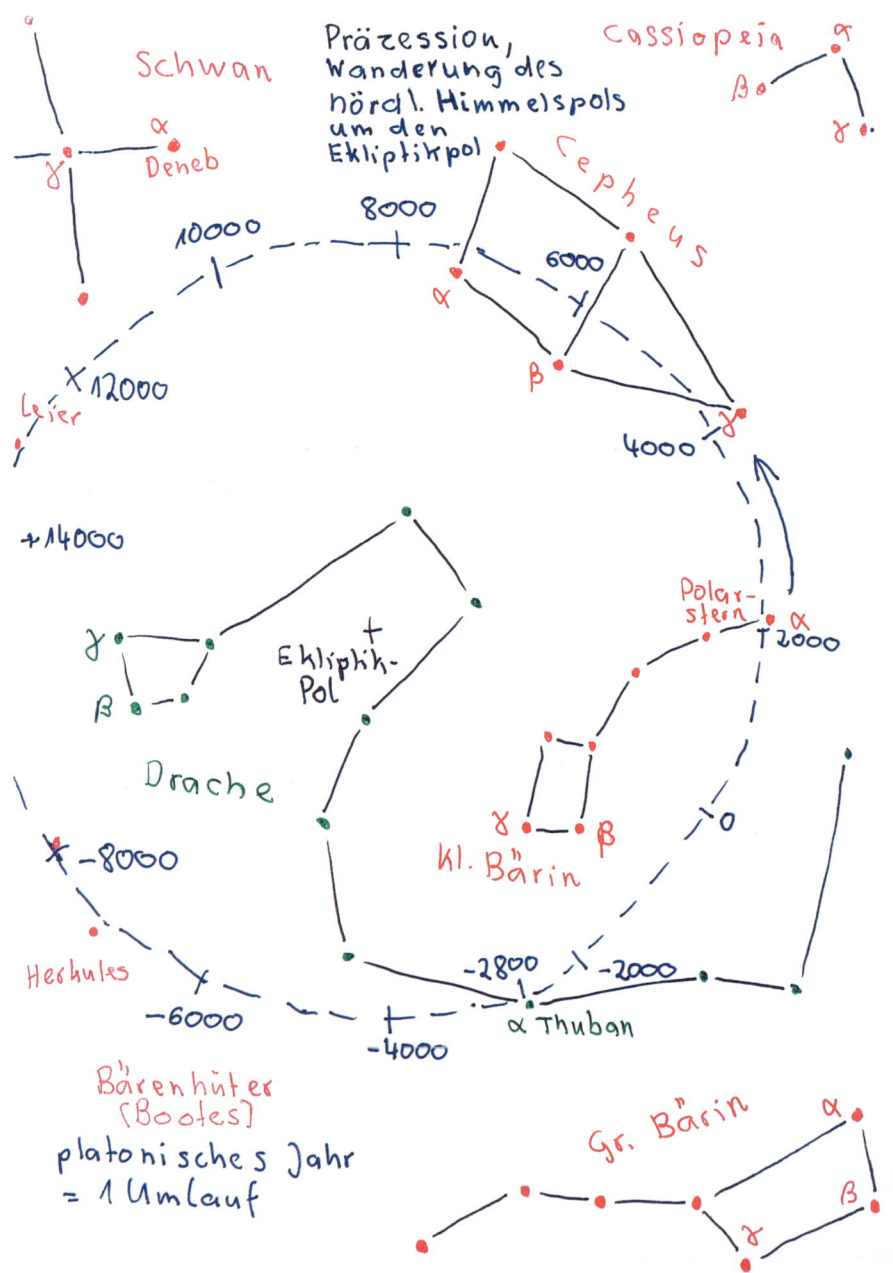

Abb. 4: Die Präzession

Die Bezeichnungen der Tierkreissternbilder sind den meisten Menschen durch Horoskope bekannt: als Sternzeichen. Unter welchen Sternzeichen sind Sie geboren? Nur wenige Menschen können darüber keine Auskunft geben. Ursprünglich waren die Sternzeichen und die Sternbilder deckungsgleich. Aber infolge der Präzession, über die gleich zu sprechen sein wird, fallen heute Sternzeichen und Sternbilder um etwa ein Sternbild auseinander. Bei der Beobachtung des heliakischen Aufgang der Sternbilder wurde das Sternbild besonders beachtet, das der Sonne am Frühlingspunkt, zum Zeitpunkt des Frühjahrs-Äquinoktiums, vorausging. Als man diese astronomischen Begriffe festlegte, war dieses Sternbild der *Widder*, deshalb heißt der Frühlingspunkt auch *Widderpunkt*. Seit dem 2. Jahrhundert v. Chr. wechselte der Frühlingspunkt in das Sternbild der Fische, und gegenwärtig findet ein Wechsel in das Sternbild des Wassermanns statt, deshalb spricht man in der Esoterik-Szene gern vom (beginnenden) Wassermann-Zeitalter.

Die Präzession

Jahrhundertelang hatten die Astronomen während des Frühjahrsäquinoktiums das Sternbild Widder vor der Sonne aufgehen sehen. Sie hatten dabei nicht registriert, dass der Frühjahrspunkt sich unmerklich auf das Sternbild der Fische zubewegte. Diese Bewegung nennen die Astronomen Präzession, das Voranschreiten (eigentlich ist es ein *Zurückgehen*) des Frühjahrspunktes. Es wird durch eine Bewegung der Erdachse hervorgerufen. Man kann es mit einem Kinderkreisel vergleichen. Ein Kreisel führt folgende Bewegungen aus: 1. die Drehbewegung um die eigene Achse, 2. die Kreiselachse selbst beschreibt in deutlich langsamerer Bewegung einen Kreis. Die Erde führt folgende Bewegungen aus: 1. Sie bewegt sich einmal im Jahr um die Sonne. 2. Sie dreht sich einmal am Tag um sich selbst. 3. Wie die Kreiselachse führt auch die Erdachse eine langsame Drehbewegung aus: die Präzession. Infolge des Erde-Mond-Systems verläuft die Präzession relativ stabil, für einen Umlauf werden ca. 26 000 Jahre benötigt, diese Periode nennt man ein *platonisches Jahr*. Die Präzession hat drei beobachtbare Folgen: 1. die Verschiebung des Widderpunktes, 2. die Wanderung des Himmels-Nordpols um den Ekliptikpol (Abb. 4), 3. das Verschwinden und Wiedererscheinen von Sternen über dem Horizont.

Nach dem antiken Astronomen Ptolemaios (2. Jh. n. Chr.) und den Lehrbüchern zur Astronomiegeschichte wurde die Präzession von dem griechischen Astronomen Hipparch (2. Jh. v. Chr.) entdeckt, der beim Vergleich seiner astronomischen Beobachtungen und älteren Aufzeichnungen das Voranschreiten des Frühlingspunktes bemerkte und überlieferte. Die Mythenforscherin Hertha von Dechend hat in ihrem Werk *Die Mühle des Hamlet* (1969, dt. 1992)[8] jedoch zeigen können, dass das Wissen um die Präzession viel älter ist. In vielen Mythen der Kulturen der Nordhalbkugel der Erde wird berichtet, wie die Welt aus den Fugen gerät und wie sich eine neue Ordnung durchsetzt. Das bekannteste Beispiel ist die Zerstörung Trojas im Krieg mit den Griechen. Heute kennen wir als Polarstern den hellsten Stern des Sternbilds Kleiner Wagen. Unser Polarstern kann wegen der Präzession diese Funktion nur noch eine begrenzte Zeit wahrnehmen, solange er in der Nähe des Himmelsnordpols steht. In den Jahrhunderten um 2800 v. Chr. diente als Polarstern der Stern Thuban, der hellste Stern im Sternbild des Drachen (astronomisch: a Draconis). In dieser Zeit entstand in Toja die älteste Stadtanlage. Florence & Kenneth Wood haben in ihrem Buch *Homer's Secret Iliad* (1999) die Ilias Homers auf astronomische Bezüge untersucht. Dabei haben sie herausgefunden, dass in der Homerischen Dichtung der Untergang Trojas dem Verlust der Nordpol-Stellung des Sterns Thuban gleichgesetzt wird. Wie konnte das geschehen? In der Astrologie gibt es den Grundsatz, den wir auch aus dem *Vaterunser* kennen: wie oben, so unten, wie im Himmel, so auf Erden. Bei Matthäus heißt es in dem Gebet:

Dein Wille geschehe wie im Himmel so auf Erden.[9]

Für die große und reiche Stadt Troja galt eine ähnliche Entsprechung: So wie der Stern Thuban den Mittelpunkt des Himmels bildete, um den sich alle anderen Sterne drehten, so wurde die reiche Handelsstadt Troja zum kommerziellen und kulturellen Mittelpunkt auf der Erde, den die Sterngötter schützten. Als der Nordpol von Thuban weg wanderte, schien der Schutz der Götter für Troja aufgehoben. Es war nur noch eine Frage der Zeit, wann die mächtige Stadt fallen würde. Homer schildert in eindringlicher Weise die wechselvollen Kämpfe um die Stadt Troja, aber er lässt nie einen Zweifel daran, dass eine Sache im Willen der Götter beschlossen war: Troja muss am Ende fallen. Die Schicksalhaftigkeit des Geschehens um Troja, die Homer immer wieder ausdrückt, erinnert an das gesetzmäßig sich vollziehende Geschehen am Sternenhimmel, vor dem es kein Entrinnen gibt.

Der Stern von Bethlehem

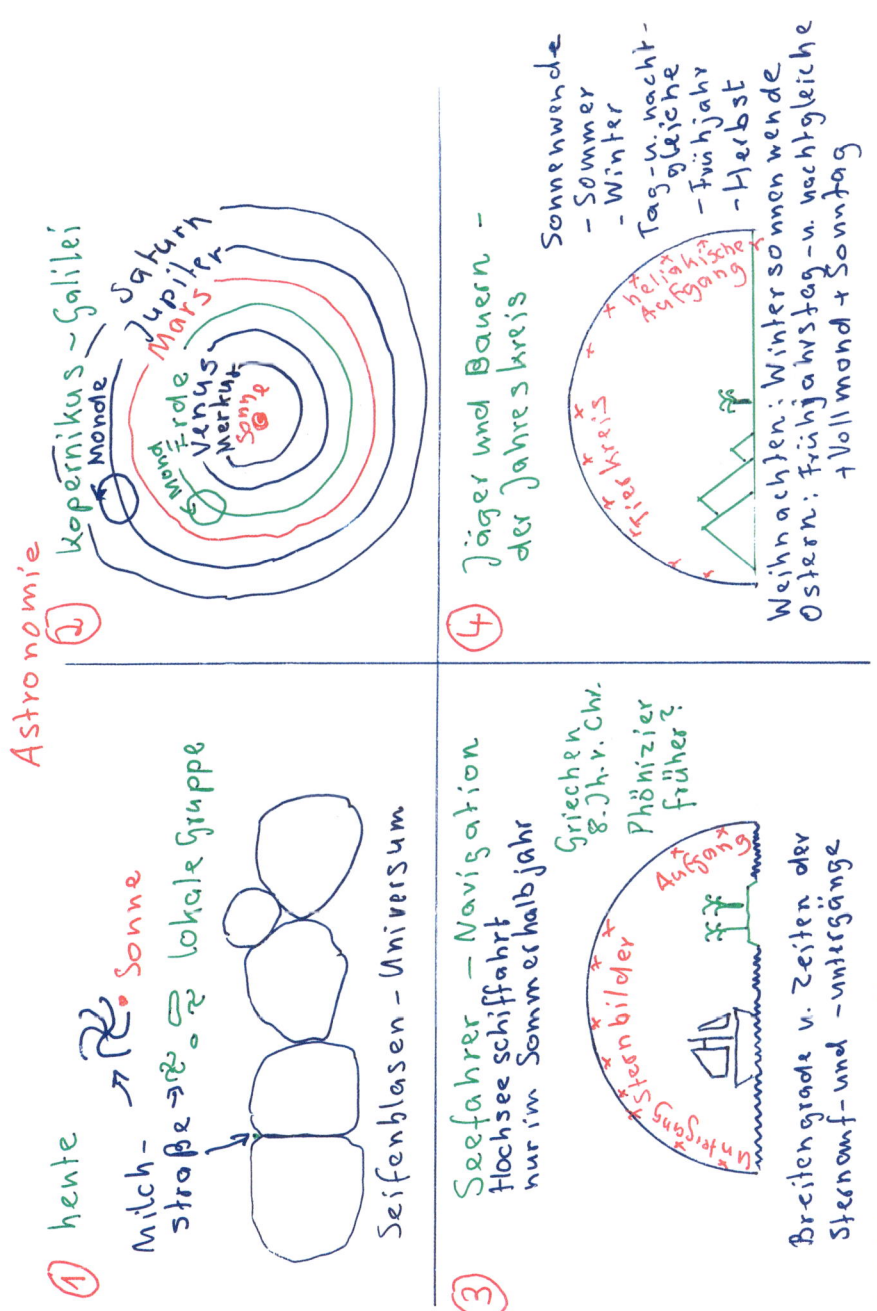

Abb. 5: Astronomie gestern und heute

3. Sterne als Wegweiser:
Wie fanden die Magier den Weg nach Bethlehem?

Astronomie in der Antike

Das astronomische Weltbild ist heute geprägt von Modellen des Kosmos. Wie würde, so fragen wir, ein imaginärer Beobachter von außerhalb unser Sonnensystem, die Milchstraße, die lokale Gruppe von Galaxien oder vielleicht noch größere Teile des Kosmos sehen (Abb. 5-1). Kopernikus hatte die Erde aus dem Mittelpunkt des Planetensystems katapultiert und durch die Sonne ersetzt (Abb. 5-2). Galilei hatte wenig später die Monde des Jupiter entdeckt und die Kristallschalen zerbrochen, an denen sich der antike und der mittelalterliche Mensch die kreisenden Planeten aufgehängt dachte, damit sie in der Weite des Weltalls nicht verloren gingen. Newton fand in der universell wirkenden Schwerkraft ein neues Band, das Planeten und Sonne verbinden konnte, und dennoch Raum ließ für andere Körper wie die Jupitermonde.

Der antike Mensch ließ dem Himmel seine Geheimnisse, er blieb innerhalb der Glocke, die das Firmament bildet, auf der Erde und suchte die Gesetzmäßigkeiten der Sternbewegungen zu verstehen. "Wie oben so unten, wie im Himmel so auf Erden", dieses Prinzip galt es zu erforschen und den Himmel als Kalender, als Uhr, als Kompass für die irdischen Bedürfnisse nutzbar zu machen. Bereits in der eiszeitlichen Kunst gibt es Hinweise auf Himmelsbeobachtungen. Später mussten Hirten und Bauern die Jahreszeiten kennen, um in der Tierhaltung und bei Aussaat und Ernte die von der Natur vorgegebenen "Zeitfenster" im Jahresablauf nutzen zu können (Abb. 5-4).

> Wenn das Gestirn der Plejaden, der Atlasgeborenen, aufsteigt,
> dann fang an mit dem Mähen, und pflüge, wenn sie versinken.
> Diese halten sich dir durch vierzig Tage und Nächte
> im Verborgenen, dann im Laufe des kreisenden Jahres
> treten sie wieder ans Licht, sobald das Eisen geschärft wird.[10]

Der griechische Dichter Hesiod, der uns diese Zeilen in seinen *Werken und Tagen* überliefert hat, formt damit alte Überlieferung neu. Bereits in der 1999 südlich von Halle gefundenen *Himmelsscheibe von Nebra*[11], einer Bronzescheibe mit einer Darstellung des Nachthimmels und des Sonnenlaufs, die auf 1600 v. Chr. datiert wird, finden sich die

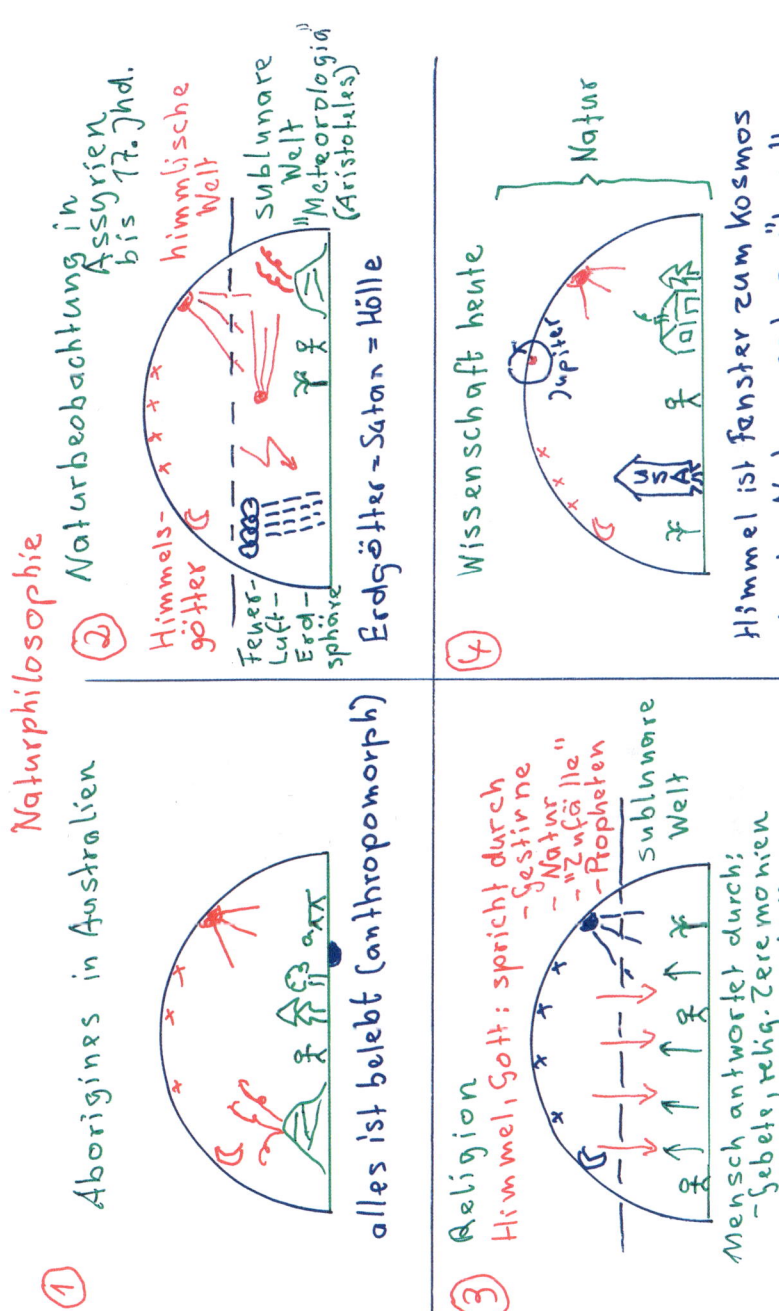

Abb. 6: Naturphilosophie

Pleiaden als einziges identifizierbares Sternbild. Bauernkulturen benötigten die Kenntnis des Jahreskreises und somit den Tierkreis, das Sonnenjahr diente ihnen zur Orientierung des Arbeitsablaufs in der bäuerlichen Wirtschaft des Jahres. Die uns geläufigen Sternbildbezeichnungen der Tierkreissternbilder stammen aus den Kulturen des Zweistromlandes. Einen weiteren Schritt in der Himmelbeobachtung machten die Griechen im 8. Jahrhundert, vielleicht auch schon vorher die Phönizier, bei der Eroberung der Meere (Abb. 5-3). Während die Küstenschifffahrt zu allen Zeiten betrieben wurde, bedurfte die Hochseeschifffahrt, die in der Antike nur im Sommer möglich war, einer präzisen Navigation, die ohne Kompass nur mit einer genauen Kenntnis der Auf- und Untergangspunkte der Sterne und Sternbilder am Nachthimmel erfolgen konnte. Deshalb verdanken wir den hochseefahrenden Griechen die Bezeichnung fast aller Sternbilder des Nordhimmels.

Natur und Gottheit in der Antike

Im Weltbild der australischen Aborigines haben alle Lebewesen und alle Naturerscheinungen eine Seele (Abb. 6-1). Ob Mensch, Tier, Pflanze, Berg, Fluss, Sonne, Sterne usw., alles hat eine göttliche Seele, es lebt und reagiert wie ein menschliches Wesen. Götter und Geister leben in den Dingen der Natur, die deshalb heilig sind. Es gibt Äußerungen der griechischen Schriftsteller, die ähnliche Denkweisen für die alten Ägypter nahelegen. In Mesopotamien kann man seit dem neuassyrischen Reich (9. - 7. Jahrhundert v. Chr. ein anderes, moderneres Weltbild erkennen, das sich in den Grundzügen in Europa bis ins 17. Jahrhundert erhalten hat (Abb. 6-2). Grob gesagt wird unterhalb der Sphäre des Mondes eine Trennungslinie gezogen. Bis zu dieser Linie erstreckt sich die *sublunare* Welt, die Welt *unterhalb des Mondes*, die irdische, erforschbare vergängliche Welt, die den Gesetzen der Kausalität unterliegt. Zu dieser Welt gehören die Erde mit den Gebirgen, die Meere, Regen, Schnee, Gewitter, aber auch die Atmosphäre mit Polarlichtern und Kometen. Oberhalb dieser Trennunglinie liegt die vollkommene und unvergängliche Welt der Götter. Zwar mag es zuweilen Grenzüberschreitungen und Einflüsse der göttlichen Welt auf die irdische geben: Götter kommen auf die Erde, Menschen werden vergöttlicht, übermenschliche Geister treiben auf der Erde ihr Unwesen usw., Erd- und Meeresgötter befinden sich zuweilen unter der Linie des Mondes. Aber

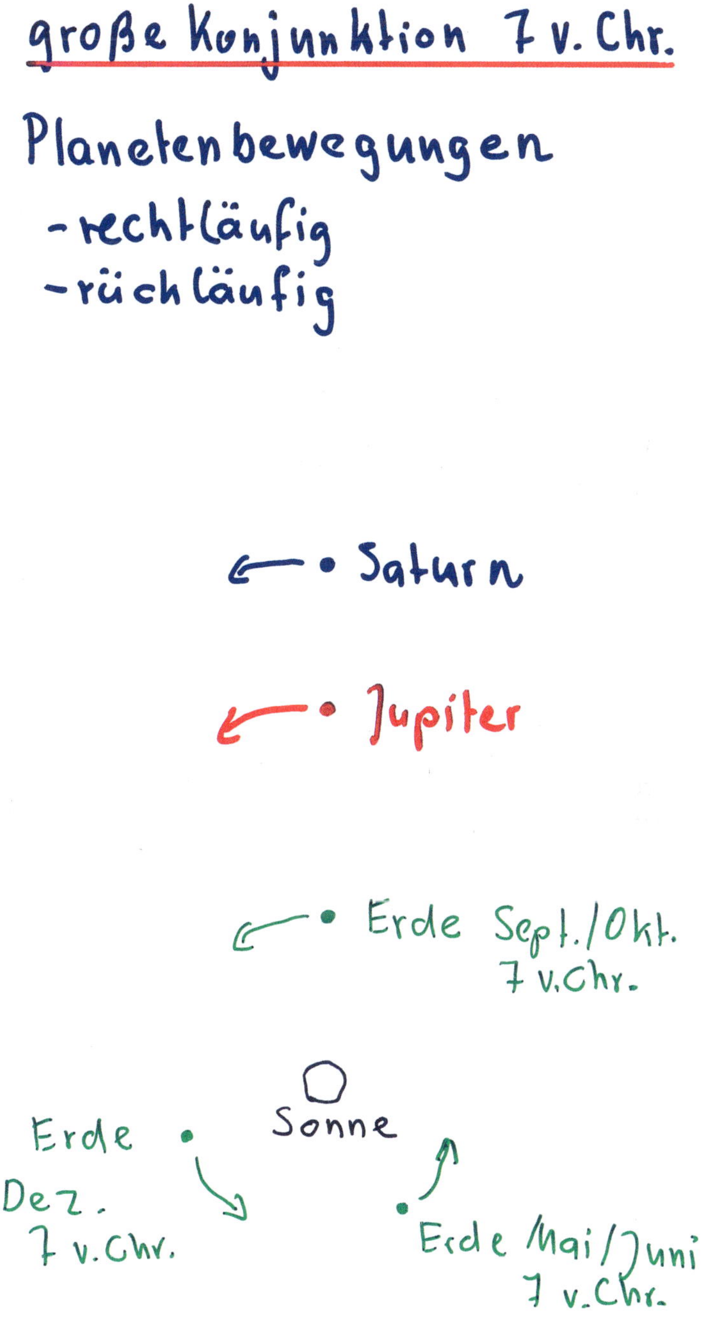

große Konjunktion 7 v. Chr.

Planetenbewegungen
- rechtläufig
- rückläufig

← • Saturn

← • Jupiter

← • Erde Sept./Okt. 7 v.Chr.

○ Sonne

Erde Dez. 7 v.Chr. •

• Erde Mai/Juni 7 v.Chr.

Abb. 7: Die große Konjunktion 7 v. Chr.

die Grenze zwischen irdischer Vergänglichkeit und überirdischem ewigen Dasein bleibt bestehen. In der Religion bedeutet dieses Denken folgendes (Abb. 6-3): Der Himmel, die Götter oder der eine Gott sprechen aus der Welt jenseits des Mondes durch Himmels- und andere Naturerscheinungen, durch Zufälle, die höhere Bedeutung haben. Sie sprechen auch durch Propheten, die Träume, Visionen und Eingebungen haben. Die Menschen antworten 1. durch sachgerechtes Verhalten (säen und ernten zur rechten Zeit), 2. durch moralisches Verhalten, 3. durch Gebete und religiöse Zeremonien, mit denen sie die göttlichen Wesen gnädig stimmen. Das Ritual von Frage und Antwort, das uns schon in der antiken Astronomie begegnete, erscheint hier wieder: Der Mensch fragt, was zu tun ist, der Sternhimmel antwortet, in dem er Jahreszeit, Tageszeit, Himmelsrichtung und anderes mitteilt. Die Gottheit antwortet, was in religiöser und moralischer Hinsicht zu tun ist. Die modernen Religionen, auch die christlichen Konfessionen, suchen Antworten auf die Fragen der Gläubigen im Gegensatz dazu meist nicht mehr in Erscheinungen der Natur oder tatsächlichen Ereignissen, sondern in heiligen Schriften.

Der Stern von Bethlehem als astronomische Erscheinung

Die schönste Darstellung der Magier und des Stern von Bethlehem ist für mich das Fresko von Giotto di Bondone, gemalt etwa 1304-1306. Leider hat Giotto den Stern als Kometen dargestellt, und das dürfte der historischen Wirklichkeit nicht entsprechen. Denn Kometen galten in der Antike erstens als Unglücksboten und zweitens als meteorologische Erscheinungen, d. h. als Erscheinungen der irdischen Welt und somit nicht als Himmelsboten. Wir setzen hier die wahrscheinlichste astronomische Erklärung voraus, die von dem bekannten Astronomen Johannes Kepler vorgeschlagen wurde. Kepler beobachtete 1603 ein Zusammentreffen der beiden großen Planeten Jupiter und Saturn am Nachthimmel, die Astronomen sprechen von einer *großen Konjunktion*. Kepler schlug nun vor, die Konjunktion von Jupiter und Saturn im Jahre 7 v. Chr. als das astronomische Ereignis anzusehen, das der Geschichte vom Stern von Bethlehem zugrunde liegt.

Die Planeten Jupiter und Saturn begegneten sich im Jahre 7 v. Chr. insgesamt dreimal. Das hängt damit zusammen, dass Saturn auf der äußersten Bahn um die Sonne läuft, Jupiter auf einer mittleren und die

Erde auf einer inneren Bahn (Abb. 7). Wie man bei jedem Stadionlauf beobachten kann, sind die Läufer auf der inneren Bahn jeweils schneller als die auf den äußeren Bahnen. Die Erde läuft schneller als Jupiter und beide laufen schneller als Saturn. Zur ersten Begegnung der beiden Planeten kam es in der Zeit vom 29. Mai bis zum 8. Juni, die am Morgenhimmel zu beobachten war. Jupiter näherte sich Saturn auf der mittleren Bahn, die Erde befand sich aus der Sicht beider Planeten hinter der Sonne und wanderte auf ihrer Bahn solange, bis sie die Linie erreichte, die von Saturn und Jupiter gebildet wurde. Als sich alle drei Planeten auf einer gedachten Linie befanden, kam es zum Zusammentreffen von Saturn und Jupiter am irdischen Himmel. Die zweite Begegnung der Planeten fand zwischen dem 26. September und dem 6. Oktober des Jahres 7 v. Chr. statt und war die ganze Nacht über sichtbar. Um Mitternacht standen beide Planeten beinahe im Zenit. Jupiter war auf der mittleren Bahn weitergezogen und hatte Saturn überrundet. Die Erde auf der inneren Bahn lief nun zwischen der Sonne und den beiden Planeten, überholte beide und stand dann wieder auf einer Linie mit Jupiter und Saturn. Die dritte Konjunktion ereignete sich in der Zeit vom 5. bis zum 15. Dezember am Abendhimmel. Bevor die Erde hinter die Sonne zurückkehrte, erreichte sie wieder einen Punkt auf der Linie, die von dem weiter gezogenen Jupiter und dem langsameren Saturn gebildet wurde. Die beiden Planeten befanden sich aus irdischer Sicht jeweils im Sternbild Fische.

Die astrologische Deutung

In der antiken Mythologie und Astrologie galt Jupiter als *Königsstern*. Den hellsten Stern des Nachthimmels hielten schon die Griechen für den Stern des Göttervaters Zeus, die lateinische Bezeichnung dieses Gottes, Jupiter, wurde für uns zum Planetennamen. Auch die Planeten Merkur, Venus, Mars und Saturn benennen wir mit den Namen der lateinischen Götter, die mit ihnen identifiziert wurden. In der Zeit nach Alexander dem Großen, der Zeit des Hellenismus, wurde es üblich, die Götter der nichtgriechischen Völker mit den griechischen Göttern gleichzusetzen (interpretatio Graeca). Das war deshalb leicht möglich, weil die Götter in den Kulturen des Zweistromlandes und des Mittelmeerraumes größtenteils Sterngötter, genauer: Planetengötter waren. Sowohl die Venus als Abend- und Morgenstern als auch die so bezeichnete Liebesgöttin hieß bei den Römern Venus, bei der Griechen Aphrodite, in Babylon Ishtar, in Syrien Astarte. Der jüdische Gott Jahwe oder Jahu wurde bei der interpretatio Graeca mit dem griechischen Gott *Kronos*, römisch *Saturn*, gleichgesetzt. In der englischen Wochentagsbezeichnung *saturday* ("Saturntag") für den Sonnabend, den jüdischen Sabbat, hat sich diese Beziehung erhalten. Da die griechische Bezeichnung für die Zeit, *chronos* (vgl. unser Fremdwort *Chronometer*) ähnlich klingt wie der Gottesname Kronos, wurden beide gleichgesetzt und der christlich-jüdische Gott in der mittelalterlichen Malerei als alter Mann dargestellt. In der antiken Astrologie wurden die verschiedenen Regionen des Sternenhimmels verschiedenen Ländern zugeordnet. So konnte man von Erscheinungen in den Sternregionen auf die Länder der Erde schließen, für die die Erscheinungen eine Bedeutung erlangen würden. Das Sternbild der Fische wurde den Ländern Syrien-Palästina zugeordnet, vielleicht, weil aus babylonischer Sicht diese Länder an das (Mittel-) Meer grenzten.

Getreu dem astrologische Motto *wie oben so unten* hatten alle Erscheinungen am Himmel mit ihren Besonderheiten eine Bedeutung für das Geschehen auf der Erde. Die Begegnungen von Jupiter und Saturn im Jahr 7 v. Chr. fanden zuerst am Morgenhimmel, dann am mitternächtlichen Himmel, zuletzt am Abendhimmel statt. Der Morgen steht für Anfang, Geburt, Beginn eines Geschehen, die Begegnung in der vollen Nacht steht für den Höhepunkt, die hohe Machtentfaltung, die Erscheinung am Abendhimmel, kurz bevor die Planeten im Westen untergehen, steht für Ende und Tod.

Nun haben wir alles zusammen, um die Bedeutung der großen Konjunktion im Jahre 7 v. Chr. im Sinne der antiken Astrologie verstehen zu können. Das Ereignis im Sternbild Fische weist auf die Region Syrien-Palästina als den Ort des irdischen Geschehens. Der Planet Saturn als Stern des jüdischen Gottes weist auf ein Geschehen, das die Juden betrifft. Der Königsstern Jupiter deutet irdische Ereignisse um das Königtum an, es geht also um das Königtum der Juden. Die erste Begegnung der Planeten findet am Morgen statt: Das weist auf die Geburt oder Inthronisation eines neuen Königs. Das zweite Zusammentreffen hat seinen Höhepunkt um Mitternacht: Hier wird das Königtum auf der Höhe seines Ansehens und seiner Macht gezeigt. Die dritte Begegnung ereignet sich am Abendhimmel: Hier wird der Tod eines Königs zum Thema.

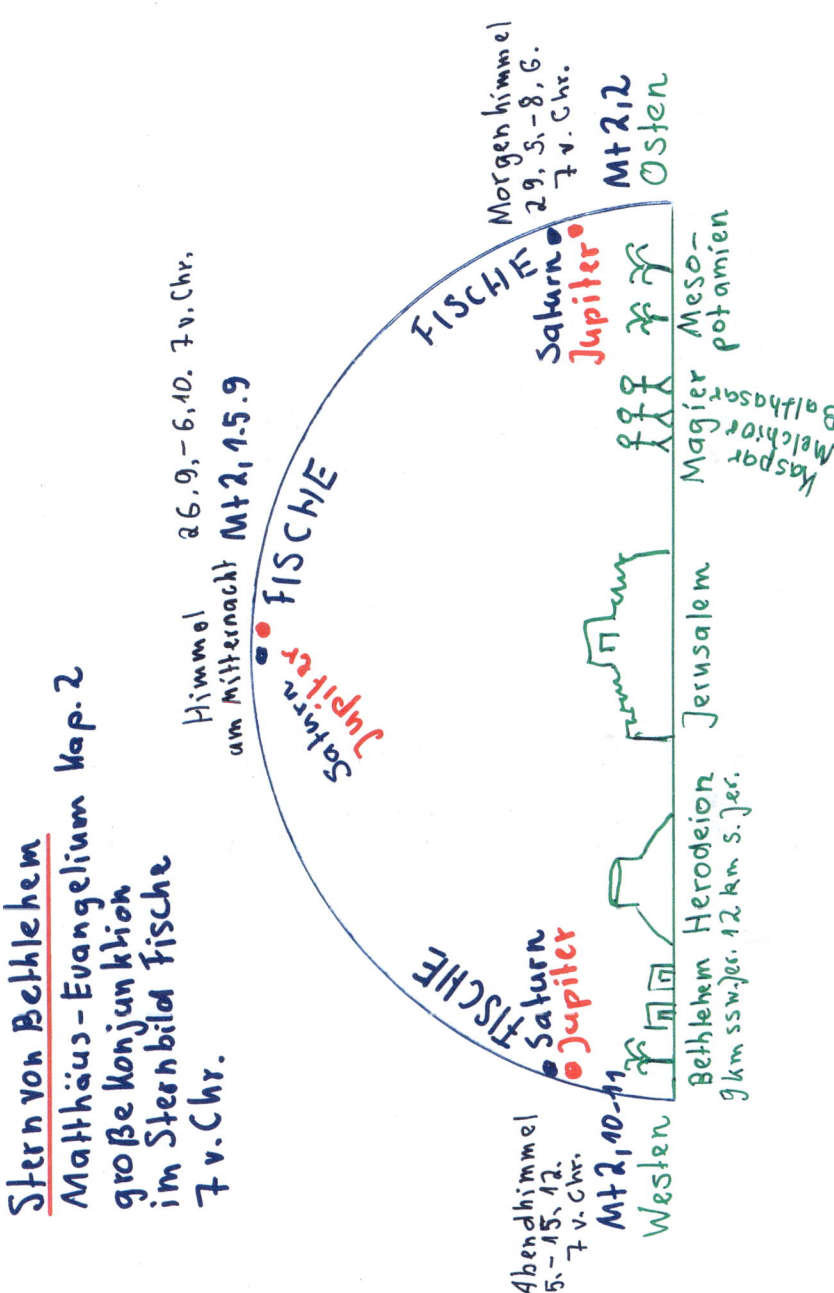

Abb. 8: Der Stern von Bethlehem

Die Wanderung der Magier

Die Magier sind ursprünglich ein Stamm des antiken Volkes der Meder mit sakralen Funktionen, später wird der Begriff - so bei Matthäus - zur Bezeichnung von Sterndeutern. Matthäus spricht von Magiern, die als Geschenke Gold, Weihrauch und Myrrhe überbringen. Aus der Dreizahl der Geschenke wird später auf die Dreizahl der Personen geschlossen. Die Legende gibt den Magiern die Namen Kaspar, Melchior und Balthasar, macht sie zu Königen und ordnet ihnen Königreiche zu. Aber das soll uns hier nicht näher interessieren.

> Wo ist der neugeborene König der Juden? Wir haben seinen Stern am Morgenhimmel gesehen und sind gekommen, um ihm unsere Verehrung zu erweisen.[12]

Im Rückblick berichten die Magier, dass sie den heliakischen Aufgang des Doppelplaneten gesehen haben (Abb. 8). Diese Beobachtung stimmt mit der astronomischen Berechnung überein, dass die erste Begegnung der Planeten am Morgenhimmel in der Zeit vom 29. Mai bis zum 8. Juni des Jahres 7 v. Chr. stattfand. Die Magier können die Erscheinung wie folgt deuten: Das Sternbild der Fische weist auf Syrien-Palästina, Jupiter auf das Geschehen um einen König und Saturn als Stern Jahwes oder der Juden auf das jüdische Königshaus oder Königtum. Das Ereignis findet am Morgenhimmel statt, so dass die Geburt oder die Inthronisation eines neuen Königs oder des Nachfolgers eines herrschenden Regenten zu erwarten ist. Der mächtigste König in Syrien-Palästina ist der jüdische König Herodes, der in Jerusalem residiert. Es sprechen alle Anzeichen dafür, nach Jerusalem zu gehen. Die Magier verhalten sich entsprechend der Anweisung, die die Sterne ihnen gegeben haben. Der Himmel hat einen neuen König angezeigt, und sie machen sich auf, ihn zu suchen, damit sie ihn gebührend verehren können.

> Als das der König Herodes hörte, erschrak er und mit ihm ganz Jerusalem, 4 und er rief den Rat der Hohenpriester und Schriftgelehrten zusammen...[13]

Der zweite Akt unseres kleinen Dramas spielt in Jerusalem. Als die Magier dort ankommen, findet die zweite Begegnung der Planeten statt,

26. September bis 6. Oktober 7 v. Chr. Der Nachthimmel zeigt die große Konjunktion die ganze Nacht über, um Mitternacht stehen die Planeten am höchsten. Den Sternen entsprechend finden die Magier einen König Herodes vor, der auf dem Höhepunkt seiner Macht und seines Ansehens steht. Das Geschehen am Himmel und das auf der Erde entsprechen sich, die Magier sind am richtigen Ort. Herodes verhält sich äußerlich entsprechend der Anweisung der Sterne und ist bei der Suche des neuen Königs (bei Matthäus heißt er *Christus*) behilflich. Aber wie die weitere Geschichte bei Matthäus zeigt, plant er bereits die Ermordung des Rivalen.

Wo sollen die Magier den neuen König finden? Der Evangelist Matthäus kann auf die jüdisch-christliche Legende verweisen, nach der der Messias in Bethlehem geboren werden wird. Die Magier, die weder Christen noch Juden sind und allein die Sterne befragen können, befinden sich in einer Sackgasse. Sie sollen den neuen König finden, begegnen aber einem König im Vollbesitz seiner Macht und seines Ansehens, und die Sterne bestätigen durch ihre Position beides, die andauernde Herrschaft des Königs und den richtigen Weg der Magier. Die genaue Bestimmung der Position der Sterne und deren Deutung hilft hier weiter. Die Planeten befinden sich zum entscheidenden Zeitpunkt, um Mitternacht, wenn sie am höchsten stehen, nicht genau im Zenit, sondern etwas südlich davon. Denn der Beobachtungspunkt liegt auf der Nordhalbkugel (und nördlich des nördlichen Wendekreises), so dass Sonne, Mond und alle Planeten Bahnen am Südhimmel beschreiben. Jupiter und Saturn verweisen die Magier also nach Süden, und zwar nicht weit nach Süden, da sie sehr hoch am Himmel stehen, die Wegstrecke am Himmel vom Zenit bis zu den Planeten nicht allzu weit ist.

9 Als sie nun den König gehört hatten, zogen sie weiter. Und der Stern, den sie am Morgenhimmel gesehen hatten, zog vor ihnen her, bis er über dem Ort stand, wo das Kind war. 10 Als sie den Stern sahen, wurden sie hoch erfreut...[14]

Matthäus berichtet über die jüdisch-christliche Legende, nach der der Messias in Bethlehem geboren wird, folgt dann aber wieder der vorchristlichen Version der Erzählung. Herodes schickt Spitzel, die offenbar nichts in Erfahrung bringen können, und versucht dann die Magier für seine Zwecke einzuspannen. Diese hören den König höflich an, lassen sich aber von ihm nicht beeindrucken, sondern folgen den Sternen. Die dritte Begegnung von Jupiter und Saturn ereignete sich vom 5. bis zum 15. Dezember 7 v. Chr. Die Planeten begegnen sich am Abendhimmel, kurz bevor sie gemeinsam im Westen untergehen. Der Himmel zeigt also das Ende eines Königtums, vielleicht den Tod eines Königs an. Die Magier sind gemäß der Weisung der Sterne eine kleine Wegstrecke genau nach Süden gewandert, dort treffen sie nach 12 km auf die Palastfestung Herodeion (Abb 1, Nebenkarte).

Als Herodes im Jahre 40 v. Chr. mit seiner Familie und seiner Leibwache, insgesamt mehrere hundert Personen, vor den Parthern aus Jerusalem fliehen musste, stürzte seine Mutter Kypros in der Nähe von Bethlehem so schwer, dass ihre Weiterreise zunächst ungewiss war. Herodes dachte schon an Selbstmord, wurde aber von seinen Begleitern beschwichtigt, und seine Mutter konnte am Ende die Reise fortsetzen. In einem Gefecht mit seinen Verfolgern konnte er diese besiegen, seine Familie auf der Festung Masada in Sicherheit bringen und nach Ägypten fliehen.[15] Der Ort behielt für Herodes eine starke emotionale Bedeutung, und im Jahre 23 v. Chr. begann er, den Hügel, der sich etwa 100 m über dem Tal erhebt, zu befestigen. Er ließ die Bergkuppe abtragen und eine Festung teilweise in den Berg hinein errichten. Das Herodeion diente ihm gleichzeitig als Begräbnisstätte, Josephus erzählt auch von dem Begräbnis, das im Jahre 4 v. Chr. mit großem Aufwand vollzogen wurde.[16] Die Grabstätte des Herodes konnte jedoch bis heute nicht gefunden werden. Unterhalb der Bergfestung hatte der König ausgedehnte Palastanlagen errichten lassen, wo er sich mit seiner Familie häufig aufhielt.

Als die Magier das Herodeion erreicht haben, bemerken sie wieder die Übereinstimmung zwischen oben und unten, zwischen Himmel und Erde: Die Planeten zeigen am Himmel eine Begräbnissituation, die den jüdischen König betrifft, und auf der Erde stehen sie an dem vorbereiteten Grabmal des Herodes. Sie sind also am Ziel ihres Weges angelangt. Nun gilt es, den neuen König, den die Sterne geweissagt hatten, zu finden. Auch für dieses Vorhaben sind sie an der richtigen Stelle. Denn Herodes hielt sich mit seiner Familie häufig hier auf, und die Prinzen mit der besten Aussicht auf die Nachfolge, Alexander und Aristobul, die Söhne des Herodes aus der Ehe mit der Hasmonäerprinzessin Mariamne, waren hier am ehesten anzutreffen.

Der Kindermord

An dieser Stelle nimmt die Geschichte eine tragische Wendung. Die Magier mögen historische Gestalten sein oder nicht, die große Konjunktion des Jahres 7 v. Chr. konnte damals jeder beobachten, und die astrologische Deutung des Geschehens am Himmel war allgemein bekannt. Auch König Herodes kannte diese Weissagungen, und er fürchtete sie, ganz so wie es Matthäus beschreibt.[17] In der Familie des Herodes hatte es immer Spannungen zwischen den verschiedenen Frauen und ihren Söhnen, die sich Hoffnung auf die Nachfolge machen konnten, gegeben. Und der alternde Herodes wurde ein missstrauischer Herrscher, der nach der Darstellung des Josephus überall Verschwörungen witterte. Es konnte nicht ausbleiben, dass Herodes befürchtete, die astrologischen Deutungen für das Jahr 7 v. Chr. würden seinen Söhnen zu Kopf steigen und sie veranlassen, vorzeitig an seinem Thron zu sägen. So entschloss sich der König, seine beiden in der Thronfolge an erster Stelle stehenden Söhne im Jahre 7 v. Chr. hinzurichten.[18] Diese Hinrichtungen zeigen zugleich, dass Herodes die hier dargestellten Überlegungen über die Bedeutung der großen Konjunktion kannte. Ob er sie selbst teilte, ist hier nicht zu fragen, aber er kannte den großen Einfluss, den die Astrologie auf die Bevölkerung hatte, und die große Propagandawirkung solcher astrologischen Weissagungen zu gut, um sie zu unterschätzen.

Josephus und die Astrologie

Das Jahr und den Tag seines Todes ahnte er (Domitian) schon lange, ja sogar die Stunde und die Todesart. Chaldaeer hatten ihm in seiner Jugend alles vorausgesagt...[19]

Mettius Pompusianus (wurde hingerichtet), weil es sich herumgesprochen hatte, sein Horoskop sage ihm den Thron voraus...[20]

Nichts bewegte ihn (Domitian) aber so, wie die Antwort und das Schicksal des Astrologen Ascletarion. Dieser war nämlich beim Kaiser angezeigt worden, das, was er dank seiner Kunst in der Zukunft gelesen hatte, verbreitet zu haben - was er auch gar nicht in Abrede stellte. Da wollte der Kaiser wissen, welches Schicksal ihm, Ascletarion selbst, bevorstehe, und als dieser behauptete, er werde in kurzer Zeit von Hunden zerfleischt werden, ließ der Kaiser ihn zwar ohne Verzug hinrichten, befahl aber, ihn aufs sorgfältigste zu begraben, um so die Nichtigkeit seiner Kunst zu beweisen. Während man noch diese Anordnungen ausführte, brach plötzlich ein heftiger Sturm los, der den Scheiterhaufen umwarf, worauf die Hunde den halbverbrannten Leichnam zerrissen. Dies wurde dem Kaiser während des Essens durch den Mimusschauspieler Latinus, der zufällig dort vorbeigegangen war und die Sache mitangesehen hatte, neben anderen Tagesneuigkeiten erzählt.[21]

Antike Schriftsteller wie Sueton verwenden die Astrologie gern als Spannungselement und Vorausschau in ihren Schriften. Wird sich das, was die Astrologen vorhersagen, auch erfüllen? Gibt es Mittel, sich gegen ungünstigen Voraussagen zu wehren? Sueton lässt keinen Zweifel daran, dass die Astrologie einen Blick in die tatsächliche und nicht abwendbare - auch durch einen Kaiser nicht abwendbare - Zukunft erlaubt. Wie die Weissagungen bei Homer und Vergil und die alttestamentlichen Prophezeiungen in den neutestamentlichen Evangelien das zukünftige Geschehen bekanntmachen, so sagen auch die Astrologen das voraus, was eintreten wird. Die Beschäftigung mit der Astrologie war in der Kaiserzeit, zumal unter Domitian, aber auch sehr gefährlich. Man kam leicht in den Verdacht, das Ende des derzeit herrschenden Kaisers und damit den günstigsten Zeitpunkt für einen Umsturz bestimmen zu wollen. Die Astrologie wurde so zu einer tendenziell subversiven Wissenschaft, die die Kaiser nie unter ihre Kontrolle bekamen, obwohl sie sie natürlich auch für ihre eigene Legitimation nutzten. Da die Astrologie jedem offen stand, wurden astrologische Vorhersagen ein Ventil für die unterdrückte öffentliche Meinung.

In den Werken des Josephus spielen astrologische Voraussagen ebenso wie in den Geschichtsbüchern des Alten Testament, die Josephus in den *Jüdischen Altertümern* als Quelle benutzt, keine Rolle. Weissagungen werden auf Propheten oder andere nichtastrologische Urheber zurückgeführt. Ein Grund für das Fehlen der Astrologie ist wohl die Tatsache, das Josephus als Kriegsgefangener und Freigelassener des Kaisers Vespasian zeit seines Lebens ein Günstling der Flavier und der kaiserlichen Familie, also auch Domitian, in Dankbarkeit verbunden blieb. Er kannte die Missachtung, die die Astrologie durch Domitian erfuhr und klammerte sie aus seinen Werken aus. Josephus bezieht aber nicht nur in Rom Stellung für die herrschende Ordnung, er tritt auch in Palästina für die Orthodoxie ein und beschreibt die religiöse und politische Opposition stets kritisch, wenn er sie nicht durch völlige Missachtung straft. Die Hinrichtung der Herodessöhne Alexander und Aristobul im Jahre 7 v. Chr. will Josephus als den Willkürakt eines Despoten darstellen. Dies kann ihm nur gelingen, wenn er die Unschuld der Prinzen beteuert. Würde er die astrologische Weissagung eines neuen jüdischen Königs als Grund für das Zerwürfnis zwischen den Brüdern und ihrem Vater einführen, gäbe er Herodes eine im Rom des Kaisers Domitian akzeptierte Handhabe zu deren Hinrichtung. Josephus sah sich also gezwungen, den Konflikt zwischen dem Vater und den Söhnen mit dem durch nichts zu rechtfertigenden Misstrauen des alten Herodes zu begründen. So gesehen kritisiert der Historiker in dem misstrauischen König der Juden auch den ebenso misstrauischen Kaiser Domitian in Rom.

4. Astrologie und christliche Überlieferung

Das Zeitalter der Fische

Das platonische Jahr, ein vollständiger Umlauf des Nordpols um den Ekliptikpol (s. o.) kann in zwölf Zeitalter zu je ca. 2160 Jahren eingeteilt werden (Abb. 3), die durch den heliakischen Aufgang der zwölf Tierkreissternbilder am Frühlingspunkt gekennzeichnet werden können. Ich bezeichne diese Zeitalter als astrologische Zeitalter, da sie in der antiken Astrologie eine wesentliche Rolle spielen. Seit etwa 160 v. Chr. verschob sich der Frühlingspunkt in das Sternbild der Fische, die im heliakischen Aufgang an der Tagundnachtgleiche des Frühjahrs das Sternbild Widder allmählich ablösten. Die Abgrenzung der Sternbilder ist nicht eindeutig, und so gibt es verschiedene Jahreszahlen, die hier angegeben werden können. Entscheidend ist letzlich die Interpretation des antiken - oder modernen - Autors, der aus dem Übergang von einem Zeitalter zum nächsten Schlussfolgerungen zieht. Da die Zeitalterlehre in der jüdischen Apokalyptik des zweiten Jahrhunderts v. Chr. eine wichtige Rolle spielt und die Präzession durch Hipparch in eben diesem Jahrhundert in die astronomische Wissenschaft eingeführt wurde, schlage ich hier vor, den Epochenwechsel in den Jahren 160 v. Chr. und 2000 n. Chr. anzusetzen.

Folgende astrologischen Zeitalter können wir in der Geschichte und der Kunstgeschichte überblicken: das Zeitalter des Wassermanns, das in der modernen Esoterik eine Rolle spielt, das christliche Zeitalter der

Das Zeitalter der Fische

① Beginn:

1) FISCHE am Widderpunkt seit ca. 160 v.Chr.
2) große Konjunktion 7 v.Chr.

② Söhne des Herodes auf sie bezog sich die Weissagung des Magier

Alexander } 7 v.Chr.
Aristobul }

Archelaos } 7 v.Chr.
Herodes Antipas } Studium
Philippus } in Rom

ab 4 v.Chr.

Jerusalem

③ Jesus (Matth.-Ev. 2)
Messias und Basileus (König, Kaiser)

1) ältestes Christuszeichen
2) das Himmelreich
   └→ Zeitalter der FISCHE
   ist nahe (Matth. 4,17)
3) Petrus und andere Jünger sind "Fischer"
4) Speisungen Jesu; Brot und Fische
   └ irdischer Wohlstand ┘ Anteil am
   Reich d. Fische

Kirche

④ Vespasian (Jos., jüd. Krieg 3,8,9)
Weltherrscher aus Judäa
(während d. Krieges in Judäa
zum röm. Kaiser ausgerufen)

* 69-79 n.Chr.
röm. Kaiser

* 69-96 n.Chr.
Flavische Dynastie

Rom

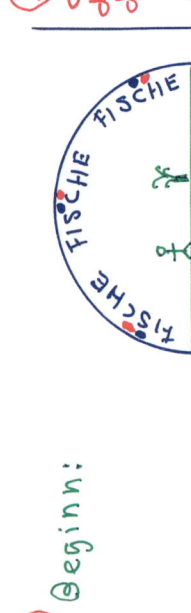

Abb. 9: Das Zeitalter der Fische

Fische, davor das Zeitalter des Widders (ca. 2320 - ca. 160 v. Chr.), in dem der Widderpunkt seinen Namen erhielt, davor das Stierzeitalter ca. 4480 - ca. 2320 v. Chr.). In der Kunst Altägyptens, dessen staatliche Ordnung im Stierzeitalter begann, spielt der Stier eine wichtige Rolle, ebenso in der zeitgleichen Kultur Kretas. In das Widderzeitalter gehören die Entstehung Alt-Israels mit dem Passahlamm und die Sage vom Goldenen Vlies bei den Griechen. Zu Beginn des Fischealters wird für die Christen der Fisch noch vor dem Kreuz zum ältesten Erkennungszeichen, wichtige Jünger wie Petrus waren der christlichen Überlieferung nach Fischer, bei den Massenspeisungen reichte Jesus neben dem Brot Fische. Man sieht schon aus diesen wenigen Beispielen, die astrologischen Zeitalter sind keine moderne Erfindung, sondern waren in der antiken Kultur verwurzelt.

Die Fische erscheinen also seit ca. 160 v. Chr. am Widderpunkt und zeigen den Übergang zum Fischezeitalter an (Abb. 9-1). Nach Hertha von Dechend wird der Beginn eines neuen Zeitalters durch eine große Konjunktion bestimmt, die in dem neuen Sternbild stattfindet.[22] Durch diese Festlegung erhält die große Konjunktion im Jahre 7 v. Chr. in den Fischen eine zusätzliche Bedeutung, weil sie das neue Zeitalter einläutet. In der antiken Zählung der Sternbilder, die mit dem Widder beginnt, stehen die Fische an letzter Stelle. Daraus wurde der Glaube hergeleitet, mit dem Zeitalter der Fische wäre die Weltgeschichte zu Ende und der Herr des Fischezeitalters würde ewig herrschen.

Der Weltherrscher aus Judäa

Die Weissagung von Weltherrscher aus Judäa taucht bei verschiedenen alten Schriftstellern auf. Die entsprechenden Passagen bei Josephus, Sueton, Tacitus und im Evangelium des Matthäus wurden bereits zitiert. Die Sternerzählung bei Matthäus zielt in ihrer vorchristlichen Version, die nur die Sterne als Wegweiser kennt, wie wir gesehen haben auf die Herodessöhne (Abb. 9-2). Sie sind es, die nach der Logik der Sterndeuter den jüdischen Thron übernehmen werden. Die beiden Prinzen Alexander und Aristobul, die sich 7 v. Chr. in Palästina aufhielten und mögliche Nachfolger waren, wurden von Herodes jedoch als Bedrohung empfunden und hingerichtet. Auf die Throne der Teilreiche gelangten später Archelaos und Herodes Antipas, die Söhne der Samaritanerin Malthake, und Kleopatras Sohn Philippus (Abb. 2). Sie befanden sich im kritischen Jahr 7 v. Chr. zum Studium in Rom, konnten Herodes also damals nicht gefährlich werden, und traten nach dessen Tode, und nachdem sie in Rom das Einverständnis des Kaisers Augustus eingeholt hatten, die Herrschaft im Jahre 4 v. Chr. an. Archeloas erhielt Judäa und Samaria und wurde auf Wunsch der Juden 6 n. Chr. abgesetzt, sein Herrschaftsbereich in eine römische Provinz umgewandelt, in der von 26 - 36 n. Chr. Pilatus regierte. Philippus wird von Josephus als ruhiger, weiser Herrscher vorgestellt, er starb 34 n. Chr., sein Herrschaftsgebiet wurde danach der Provinz Syrien zugeschlagen. Herodes Antipas, der nach der Absetzung des Archelaos ranghöchste Herodianer, wurde 39 n. Chr. mit seiner zweiten Gattin Herodias nach Gallien verbannt. Danach herrschte der Herodesenkel Agrippa I. über beinahe die gleichen Länder wie sein Großvater, starb aber bereits 44 n. Chr.[23] Sein Sohn Agrippa II. regierte bis 94 n. Chr. als König über die Tetrarchie des Philippus in Nordostpalästina, mit Agrippa II. erlosch die Dynastie der Herodianer, die von dem Stern vorausgesagte Weltherrschaft hat kein Herodianer erlangt.

Flavius Josephus und ihm folgend Tacitus und Sueton beziehen die Weissagung von Weltherrscher aus Judäa auf Vespasian, der als Feldherr während des jüdischen Krieges zum römischen Kaiser ausgerufen wurde und die flavische Dynastie gründete (Abb. 9-4). Vespasian regierte als Kaiser 69 - 79 n. Chr. Nach ihm kamen seine beiden Söhne Titus 79 - 81 n. Chr. und Domitian 81 - 96 n. Chr., mit dem die Dynastie erlosch, an die Macht. Die flavischen Kaiser errangen zwar die Herrschaft im römischen Reich, von Dauer war ihr Kaisertum nicht.

Tacitus und Sueton berichten, im jüdischen Krieg hätten die Juden die Weissagung von Weltherrscher aus Judäa auf sich und ihre Führer bezogen. In den Makkabäerkriegen des 2. vorchr. Jahrhunderts hatte die Juden, begünstigt durch die politische Konstellation, die Fremdherrschaft der hellenistischen Seleukiden aus eigener Kraft abschütteln können. Die Hasmonäer hatten unter jüdischer Flagge ganz Palästina erobert und sich erst den Römern unter Pompeius beugen müssen. Als mächtige Verbündete der Römer hatten Herodes der Große und seine Nachfolger Palästina in ein wohlhabendes Land verwandelt. Der Tempel wurde größer denn je wieder aufgebaut, religiöse Gruppen aller Schattierungen nutzten die von den Römern ermöglichte Religionsfreiheit, hatten großen Zulauf und wurden von einer wohlhabende Bevölkerung wirtschaftlich unterstützt.[24] Im jüdischen Krieg 66 - 70 mussten die Römer in der größten militärischen Herausforderung seit den Germanenkriegen ihren besten Feldherrn Vespasian und die besten Truppen aufbieten, um die Aufständischen zu besiegen. Als der römische Kaiser Trajan die Früchte seines siegreichen Feldzugs gegen die Parther 114 - 117 n. Chr. ernten wollte, verhinderte dies die jüdische Bevölkerung der östlichen Provincen durch zahlreiche Aufstände von der Cyrenaica in Nordafrika bis nach Zypern. Die gerade eroberten Gebiete in Mesopotamien gingen nach nur zweijähriger Römerherrschaft wieder an die Parther verloren. Erst nach dem Bar-Kochba-Aufstand 132 - 135 n. Chr., der von römischer Seite als "radikaler Vernichtungskrieg"[25] (Karl Christ) geführt wurde, war die militärische Macht der Juden gebrochen. Um den Römern im Kampf um die Weltherrschaft Paroli bieten zu können, fehlte den Juden die Toleranz der Tiberstadt, die ihnen die Sympathien unterworfener Völker hätte einbringen können. Nach dem Bar-Kochba-Aufstand blieben die Juden eine wichtige Volksgruppe und Religionsgemeinschaft, die in der Vermittlung orientalischer Kultur nach dem Westen weiterhin große Bedeutung besaß.

Matthäus bezieht die Weissagung des Sterns auf Jesus, den Stifter der christlichen Religion (Abb. 9-3). Jesus wird in den Evangelien als *Messias*, (jüdischer König) und als *basileus* (König, Kaiser) bezeichnet. Er stammte der Überlieferung nach aus Judäa und hatte königliche Vorfahren. Folgende Symbole des Fischezeitalters finden sich im frühen Christentum:

1. Das älteste Erkennungszeichen der Christen ist das Fisch-Symbol.
2. Petrus und andere Jünger sind der Überlieferung nach Fischer.
3. In den Massenspeisungen teilte Jesus neben den Broten, so wird berichtet, Fische aus. Wie später der Wein, der an die Stelle der Fische tritt, bedeuten die Fische Anteil am Bund mit Jesus[26], Anteil am himmlischen Reich der Fische.
4. Jesus erwartete wie Johannes der Täufer das Kommen eines himmlischen Reiches. Die Veränderung, die damals alle beobachten konnten, war der Übergang des Frühlingspunktes in das Sternbild der Fische. Das *Kommen des Reiches der Himmel* ist dabei zunächst nicht die eigentliche Botschaft, sondern die Begründung für den Aufruf zur Buße. Johannes und Jesus müssen deshalb auf eine bekannte Tatsache verweisen, und diese Tatsache kann nur der Beginn des Zeitalters der Fische sein.

Im Vergleich mit den anderen Personen oder Gruppen, auf die sich die Weissagung der Sterne beziehen sollte, kann Jesus durch das später siegreiche Christentum am ehesten als Herrscher des Fischezeitalters bezeichnet werden. Es geht zufällig in der Gegenwart zu Ende, in einer Zeit, in der wir auch eine Krise des Christentums erleben. Matthäus lässt die Magier, die ursprünglich im Herodeion ankamen, in dem 6 km nordwestlich liegenden Bethlehem den Messias finden. Wer wäre so kleinlich, ihm diese geringe Distanz nachzurechnen?

Das gefälschte Geburtsdatum

In der Geschichte vom Stern von Bethlehem wird dem Stifter der christlichen Religion ein Geburtshoroskop gestellt, wie es besser nicht sein könnte. Im 1. Jahrhundert v. Chr. und im 1. Jahrhundert n. Chr. gab es weit und breit kein besseres Horoskop. Es lag also nahe, dem Messias-König Jesus, der ungefähr in der zutreffenden Zeit geboren war, dieses Königshoroskop zuzuschreiben. Da das Horoskop feststand und sich nur auf einen Menschen beziehen konnte, der in der fraglichen Zeit geboren worden war, wurde das Geburtsdatum Jesu, das sowieso niemand genau kannte, auf die für das Horoskop erforderliche Zeit verschoben. Das für das Horoskop vorausgesetzte Geburtsdatum Jesu liegt zwischen dem 29. Mai und dem 8. Juni 7 v. Chr.

Es ist nicht ungewöhnlich, dass Astrologen ein Geburtsdatum korrigieren, weil das echte Datum im Sinne der Astrologie unergiebig ist. Als Beispiel dafür sollen hier die verschiedenen Horoskope Martin Luthers angeführt werden. *Helmuth M. Böttcher* schreibt dazu in *Dreissigtausend Jahre Astrologie* Folgendes:

> Sehr viel Streit entsteht um das Horoskop Martin Luthers. Er ist bekanntlich am 10. November 1483 geboren, dem Martinstag, den er auch seinen Vornamen verdankt. Der Geburtsstunde kann sich die Mutter später nicht mehr mit Sicherheit erinnern. "Vielleicht um Mitternacht?" meint sie.
>
> Das Horoskop, das man dann nachher dem inzwischen zum großen Reformator gewordenen Mann auf Grund dieser Angaben stellt, paßt aber ganz und gar nicht zu dem Leben und zu dem Chrakterbilde, das er bietet.
>
> Also kommt der Mailänder Arzt und Bischof vom heiligen Grab, Cardanus... auf den interessanten Ausweg, ihm die Geburt am 22. Oktober 1483, zehn Uhr abends, anzudichten. Er stellt für dieses Datum des Horoskop - und nun klappt es auf einmal nach jeder Richtung...

(Zitat Cardenus:) *"Dies ist das wahre Horoskop Luthers. Auch mußte eine so bedeutende Erscheinung einen solchen Anfang haben, und bei einer so wunderbaren Konstellation konnten solche Folgen nicht ausbleiben. Denn Mars, Venus und Jupiter träten neben die Ähre der Jungfrau ... Nichtsdestoweniger zeigt uns Sonne und Saturn, an dem Orte der zukünftigen Konjunktion die Festigkeit und lange Dauer dieser Ketzerei."*[27]

Der katholische Urbineser Bischof Paulus von Middelburg verwendete das Geburtsdatum 25. November 1484, um die Ketzerei Luthers zu entlarven. Professor Carion aus Frankfurt an der Oder, Rat des Brandenburgischen Kurfürsten Joachim I., nutzte wieder den 22. Oktober 1483 als Geburtsdatum, zog die Geburt jedoch von zehn Uhr auf neun Uhr abends vor. Die Sterne erwiesen nun Luther als den großen Reformator und das Werkzeug Gottes, ganz so, wie es der protestantische Landesherr erwartet. Luther selbst ließ der Streit unberührt, zu Melachthon, seinem von der Astrologie überzeugten Mitstreiter, sagte er:

"Ei, ich frag nicht nach euer astrologia! Ich kenn mein natur und erfar es."[28]

Die christliche Zeitrechnung

Über das tatsächliche Geburtsjahr Jesu enthält die Erzählung von Stern von Bethlehem keinen Hinweis. Um diese Frage zu klären, unternehmen wir zunächst einen Ausflug in die Geschichte des Kalenders. Nimmt man die christliche Zeitrechnung als Grundlage, müsste Jesus im Jahr 1 v. Chr. geboren sein. Denn wir zählen die Jahre *nach* seiner Geburt mit 1, 2, 3 usw. Eine einheitliche, alle Völker und Zeiten umfassende Zeitrechnung wurde erst bei den christlichen Historikern des Altertums notwendig, die alle Völker seit der Erschaffung der Welt in den göttlichen Heilsplan einbeziehen wollten. Vor Einführung der christlichen Zeitrechnung datierte man im Altertum gewöhnlich nach den Herrschern bzw. den höchsten Beamten eines Staates oder nach besonderen Ereignissen, z. B. "im Jahr der Sonnenfinsternis". Zum erstenmal schuf *Eratosthenes* im 3. Jahrhundert v. Chr. eine einheitliche Zeitrechnung für die hellenistische Welt, in dem er die Datierung nach den alle vier Jahre stattfindenden Wettkämpfen in Olympia festlegte und die erste Olympiade auf das Jahr 776 v. Chr. datierte. In Rom, wo man auch in der Kaiserzeit die Jahre nach den amtierenden Konsuln benannte, entwickelte *Varro* im 1. Jahrhundert v. Chr. die Zeitrechnung *ab urbe condita* (a.u.c., seit der Gründung Roms) und legte das Jahr 1 a.u.c. als das Jahr 753 v. Chr. fest. die römischen Historiker verwendeten die Jahreszählung Varros jedoch nicht und datierten weiter nach Konsuln bzw. nach den Regierungsjahren der Kaiser. Erst der Christ *Orosius*, der zu Beginn des 5. Jahrhunderts die erste christliche Weltgeschichte schrieb, übernahm Varros Zeitrechnung *ab urbe condita*. Im Jahre 284 n. Chr. führte Kaiser Diocletian aus verwaltungstechnischen Gründen im Römischen Reich eine neue Ära ein, die auch von den Christen übernommen wurde. Die Ära *nach Christi Geburt*, die die diokletianische Ära ablöste, führte die Kirche im Westen des Römischen Reiches im Jahre 526 ein. Man kombinierte damals Lk 3,1, und Lk 3,23: danach ist Jesus (etwa) im Jahr 30 n. Chr. aufgetreten und war beim Beginn seines Wirkens (etwa) 30 Jahre alt. So setzte man das Jahr 1 n. Chr. auf das Jahr 754 ab urbe condita fest. Der Mönch Dionysius Exiguus, der die neue Ära vorschlug, begründete die Einführung wie folgt:

> "Wir wollen nicht unsere Zyklen mit dem Andenken dieses ruchlosen Verfolgers (Diocletian) verknüpfen, sondern haben es vorgezogen, von der Fleischwerdung unseres Herrn Jesus Christus an die Jahresläufe zu bezeichnen."[29]

Die christliche Datierung setzte sich in den folgenden Jahrhunderten erst allmählich durch.

Wann wurde Jesus geboren?

Nach dem Evangelisten Lukas[30] wurde Jesus zur Zeit des Kaisers Augustus geboren, nach Matthäus und Lukas[31] zur Zeit des Königs Herodes des Großen. Augustus regierte bis zu seinem Tod im Jahr 14 n. Chr., Herodes starb jedoch schon im Frühjahr des Jahres 4 v. Chr. Die Angaben des Matthäus und Lukas werden heute von der Forschung meist nicht in Frage gestellt, Jesus wurde also vor dem Tod des Herodes im Jahr 4 v. Chr. geboren. Bei der Einführung der christlichen Zeitrechnung ist dem Dionysius Exiguus also ein Fehler unterlaufen, und wir können heute das Geburtsjahr Jesu nicht mit dem Hinweis auf den Beginn der christlichen Ära angeben.

Bei Lukas[32] wird das Auftreten Johannes des Täufers auf das Jahr 28 oder 29 n. Chr. festgelegt. Dort heißt es weiter, Jesus sei zu Beginn seines öffentlichen Auftretens etwa 30 Jahre alt[33] gewesen. Meist werden diese Angaben kombiniert und es wird vermutet, dass Jesus beim Beginn seines Wirkens bis zu 35 Jahre alt gewesen sein könnte, und gleichzeitig oder kurz nach Johannes auftrat. Dann könnte Jesus in den letzten Regierungsjahren des Herodes, zwischen 6 und 4 v. Chr. geboren worden sein. Beachten sollte man auch eine Angabe des Evangelisten Johannes: danach war Jesus um das Jahr 30 n. Chr. fast 50 Jahre alt[34], wäre also ca. 20 v. Chr. geboren.

Die Frage nach dem *Geburtstag* Jesu führt uns wieder in die antike Mythologie und Astrologie zurück. Oben hatten wir gesagt, bei der interpretatio Graeca, der Gleichsetzung von Gottheiten im hellenistischen Raum mit den Göttern der Griechen, wurde der jüdische Gott Jahwe mit Kronos (römisch Saturn) gleichgesetzt. Auch für Jesus, der als Gott verehrt wurde, gab es eine griechisch-römische Entsprechung: Jesus wurde mit dem Sonnengott identifiziert, griechisch Helios, römisch Sol. Die Geburt des Sonnengottes wurde seit alters am Tag der Wintersonnenwende gefeiert, das traditionelle Datum dafür war der 24. Dezember. Daher feiern wir den Geburtstag Jesu am 24. Dezember, sein tatsächlicher Geburtstag ist nicht überliefert und heute nicht mehr zu ermitteln.

5. Ergebnisse

1. Die Erzählung vom Stern von Bethlehem nimmt Bezug auf ein konkretes astronomisches Ereignis: auf die große Konjunktion, das dreimalige Zusammentreffen von Jupiter und Saturn, im Jahre 7 v. Chr. Die drei Akte der dramatischen Erzählung (Orient, Jerusalem, Bethlehem) entsprechen exakt den drei Phasen der Konjunktion. Der Weg der Magier ist durch die antike astrologische Spekulation vollständig erklärbar.
2. Den Erzählungen vom Stern von Bethlehem und vom Kindermord liegt eine vorchristliche herodianische Geschichte zugrunde. Diese bezog die Weissagung des Sterns auf die Herodessöhne, erzählte die Ermordung der Mariamnesöhne Alexander und Aristobul, die in der Erbfolge an erster Stelle standen, und die Errettung der Söhne der Malthake, Archelaos und Antipas, und des Kleopatrasohns Philippus. Diese drei Prinzen, die nach des Herodes Tod im Jahre 4 v. Chr. die Nachfolge ihres Vaters antraten, hielten sich glücklicherweise

während des Jahre 7 v. Chr. bis zum Tod des Herodes zur Ausbildung in Rom auf.
3. Herodes der Große kannte die Weissagung und hat Alexander und Aristobul hinrichten lassen, weil er fürchtete, sie könnten die Weissagung dazu nutzen, ihn zu ermorden.
4. Josephus verschwieg bewusst die astrologischen Implikationen der Hinrichtung der Mariamnesöhne, weil er von deren Unschuld überzeugt war und weil im Rom des Kaisers Domitian die astrologische Weissagung als ein plausibler Verurteilungsgrund erschienen wäre. Außerdem verschwieg er Auffassungen wie die Astrologie, die im Gegensatz zur jüdischen Orthodoxie standen, grundsätzlich soweit wie möglich.
5. Der Verfasser des Matthäus-Evangeliums bezog die Weissagung vom Weltherrscher aus Judäa auf Jesus. Die Berechtigung dazu konnte er aus der christlichen Überlieferung ableiten. Nach dem Erlöschen der Herodes-Dynastie und dem Tod des letzten römischen Kaisers aus der Familie der Flavier am Ende des 1. Jahrhunderts n. Chr. waren die Mitkonkurrenten um die Sternweissagung ausgeschieden. Jesus wurde im frühen Christentum als Herrscher des "Zeitalters der Fische" verehrt und das Datum seiner Geburt mit der großen Konjunktion von Jupiter und Saturn im Jahre 7 v. Chr. verbunden.

Anmerkungen

Die Untersuchung geht zurück auf einem Vortrag mit dem Titel "Frühe Astronomie und Christentum", den ich am 5. Dezember 2002 in der Volkshochschule Radebeul gehalten habe.[35]

1. Übersetzung J. N.
2. Josephus, Jüd. Alt. 20,9,7.
3. Josephus, Jüd. Alt. 16,11,7.
4. Josephus, Jüd. Krieg 3,8,9.
5. Tacitus, Historien V, 13,2.
6. Sueton, Vespasian 4,IV.
7. Tacitus, Annalen 6,31ff.
8. Als Autorenname erscheint zuerst Giorgio de Santillana, das Buch ist aber im Wesentlichen ihr Werk.
9. Mt 6,10.
10. Hesiod, Werke und Tage, 382-386.
11. Siehe Spektrum der Wissenschaft, 11/2002, S. 23 und 12/2002, S. 94.
12. Mt 2,2, Übersetzung J. N.
13. Mt 2,3-4, Übersetzung J. N.
14. Mt 2,9-10, Übersetzung J. N.
15. Josephus, Jüd. Alt. 14,13,8-9.
16. Josephus, Jüd. Alt. 17,8,3.
17. Mt 2,3.
18. Josephus, Jüd. Alt. 16,11,7.
19. Sueton, Domitian 14I.
20. Sueton, Domitian 10II.
21. Sueton, Domitian 15III.
22. S. 244.
23. Apg 12,23.
24. Lk 8,3.
25. Karl Christ, S. 328.
26. Mt 26,28.
27. Böttcher S. 306.
28. Böttcher S. 308.
29. Deißmann S. 24.
30. Lk 2,1.
31. Mt 2,1 und Lk 1,5.
32. Lk 3,1.
33. Lk 3,23.
34. Joh 8,57.

Literaturverzeichnis

Antike Autoren:

Hesiod: Theogonie, Werke und Tage. Griechisch - deutsch. Hrsg. u. übers. v. Albert von Schirnding. M. e. Einführung v. Ernst Günther Schmidt, Darmstadt, 2. Aufl. 1997

Josephus, Flavius: Jüdische Altertümer. Übersetzt und mit Einleitung und Anmerkungen versehen von Dr. Heinrich Clementz, Wiesbaden, 4. Aufl. 1982

Josephus, Flavius, Der jüdische Krieg, Griechisch und Deutsch. Herausgegeben und mit einer Einleitung sowie mit Anmerkungen versehen von Otto Michel und Otto Bauernfeind, Darmstadt, 3. Aufl. 1982

Sueton: Leben der Caesaren. Übersetzt und herausgegeben von André Lambert, München, 3. Aufl. 1980

Tacitus: Annalen. Deutsch von August Horneffer. Mit einer Einleitung von Joseph Vogt und Anmerkungen von Werner Schur, Stuttgart 1957

Tacitus: Historien. Lateinisch-deutsch, ed. Joseph Borst unter Mitarbeit von Helmut Hross und Helmut Borst, München, 2. Aufl. 1969

Moderne Autoren:

Böttcher, Helmuth M.: Dreissigtausend Jahre Astrologie. Sterne, Schikksal und Propheten, Frechen o. J. (ca. 1999)

Boll, Franz, Carl Bezold, Wilhelm Gundel: Sternglaube und Sterndeutung, Darmstadt, 6. durchges. Aufl. 1974

Christ, Karl: Geschichte der römischen Kaiserzeit. Von Augustus zu Konstantin, München, 4. Aufl. 2002

Dechend, Hertha von, siehe Santillana, Giorgio de

Deißmann, Marieluise (Hrsg.): Daten zur antiken Chronologie und Geschichte, Stuttgart 1990

Fritscher, Bernhard: Vom Donner der Erde zur Sternschnuppe. Mittelalterliche Meteorologie, in: Spektrum der Wissenschaft Spezial 2/2002: Forschung und Technik im Mittelalter, S. 44-47.

Heiland, F.: Der Stern von Bethlehem. Vortrag im Zeiss-Planetarium, Jena, 2. Aufl. 1951

Santillana, Giorgio de und Hertha von Dechend, Hamlet's Mill, dt. Die Mühle des Hamlet, Wien, New York 1992

Wood, Florence u. Kenneth Wood: Homers Secret Iliad. The Epic of the Night Skies Decoded, London 1999

Ziegler, Karl-Heinz: Die Beziehungen zwischen Rom und dem Partherreich. Ein Beitrag zur Geschichte des Völkerrechts, Wiesbaden 1964

Inhalt

1. **Sterne und Machtpolitik: Herodes der Große**   3
   Herodes der Große - Die Parther und der Weltherrscher
   aus Judäa

2. **Die Welt aus den Fugen:**
   Warum wandert der Nordpol?   9
   Der Tierkreis - Die Präzession

3. **Sterne als Wegweiser:**
   Wie fanden die Magier den Weg nach Bethlehem?   16
   Astronomie in der Antike - Natur und Gottheit in der Antike -
   Der Stern von Bethlehem als astronomische Erscheinung -
   Die astrologische Deutung - Die Wanderung der Magier -
   Der Kindermord - Josephus und die Astrologie

4. **Astrologie und christliche Überlieferung**   29
   Das Zeitalter der Fische - Der Weltherrscher aus Judäa -
   Das gefälschte Geburtsdatum - Die christliche Zeitrechnung -
   Wann wurde Jesus geboren?

5. **Ergebnisse**   37

Anmerkungen
Literaturverzeichnis